Geschichten und Gedichte

aus der Reihe
„Perlen unserer Erinnerung"

Federn, Flossen, weiches Fell

- tierische Lebensgefährten -

Carmen Sabernak (Hrsg.)

Bibliografische Information der Deutschen Nationalbibliothek:

Die Deutsche Nationalbibliothek verzeichnet diese Publikation in der Deutschen Nationalbibliografie; detaillierte bibliografische Daten sind im Internet über dnb.d.nb.de abrufbar.

Impressum

2022 © Carmen Sabernak, alle Rechte vorbehalten

Herstellung und Verlag:

BoD - Books on Demand, Norderstedt

Satz und Layout:

Nicole Mewes

Bildnachweise:

© by-studio © sonne fleckl - Fotolia.com
© Feder - Bild von ilonitta - Freepik.com
© Nicole Mewes, Tierbilder der Autorinnen

ISBN: 9783756859818

Inhalt

Vorwort

Carmen Sabernak hatte die Idee, die Erinnerungen unterschiedlicher Menschen zu sammeln.

Erinnerungen, die wertvoll wie Perlen sind. Sie fragte in der Teltower AWO-Gruppe nach und es fanden sich schnell MitstreiterInnen.

Einmal im Monat trafen sie sich, tauschten Erinnerungen aus, lasen aus ihren Geschichten und verbrachten schöne gemeinsame Stunden. So wurde recht schnell der Entschluss gefasst, diese „Perlen unserer Erinnerungen" in kleinen Büchern aufzubewahren.

Die Geschichten sind so unterschiedlich, wie die Menschen, die sie erlebt haben. Einzelne Geschichten wurden zum Teil schon vor einigen Jahren verfasst. Deshalb finden sich teilweise auch noch Texte in der alten Rechtschreibung. Diese wurden absichtlich nicht angepasst, denn es sind Perlen aus der betreffenden Zeit.

Wir wünschen Ihnen ebenso viel Vergnügen beim Lesen, wie wir Freude hatten, das Buch zu gestalten.

Herzliche Grüße
das AutorInnenteam

Der sture Dackel

Dackel Alf, den faulen Sack –
mußt' ich tragen Huckepack.

Denn er wollt' partout nicht laufen.
Böse fing er an zu schnaufen,

wenn man an der Leine zog.
Was ihn keineswegs bewog,

seinen Dackelsinn zu ändern.
Die Rasse ist in allen Ländern –

so stur im Wesen wie der Alf.
Kein Bitten oder Schimpfen half!

Nein, er lag bequem im Grase,
reckte frech die Hundenase:

„So, mein Frauchen, ich bleib liegen.
Willst du mich zum Laufen kriegen –

gib ein Leckerli mir schnell,
das bewegt mich auf der Stell'!"

Ja, so sind die schlauen kleinen
Lieblinge auf kurzen Beinen.

Manchmal ist man ziemlich sauer –
doch wenn er fehlt, herrscht große Trauer.

Hannelore Wolf, Juni 2022

Manchmal braucht man etwas Glück

Ja so ist das eben. Wenn man manches Mal kein Glück hätte, würde man ganz schön alt aussehen oder vielleicht gar nicht mehr sein. Es ist schon viele Jahre her, als Glück im Leben für ein gutes Ende gesorgt hat, doch vergessen werden wir das Geschehen von damals nicht.

Wir, mein Mann und ich und ein weiteres Ehepaar, hatten uns zu einem gemütlichen Abend in einer kleinen Gaststätte an der "Alten Landstraße" verabredet. Die "Alte Landstraße" verlief am Rande eines Kanals durch eine nicht gerade gepflegte Wiese mit Gebüsch, etwas hügelig. Mein Mann und ich waren schon in der Gaststätte und wurden langsam ungeduldig, da von unseren Freunden noch weit und breit nichts zu sehen war.

So nach etwa 2 Stunden schraubte sich unser Unmut langsam in die Höhe, doch als sie dann erschienen und ihre Verspätung begründeten, war aller Ärger vergessen.

Unsere Freunde gingen wie wir die "Alte Landstraße" entlang, als sie so seltsame Laute hörten und sich in einiger Entfernung ein Gebüsch irgendwie komisch bewegte. In der beginnenden Dämmerung schlecht zu erkennen.

Also nachsehen.

An der Stelle des Geschehens angekommen, staunten sie nicht schlecht. Es war der Eingang zu einer Höhle, wahrscheinlich der Eingang eines Fuchsbaues, etwas erweitert. Doch daraus ragten die Beine einer Frau und man hörte dumpfe Hilferufe. Sie versuchten die Frau herauszuziehen. Das gelang jedoch nicht. Also Polizei und Feuerwehr gerufen. Es war nicht ganz einfach, aber es gelang, die Frau auszugraben und so zu befreien. Als die Retter dachten ihre Arbeit erledigt zu haben, gab es von der Verunglückten starken Protest und es bestand bei ihr die Gefahr eines Nervenzusammenbruches.

Doch was war denn alles geschehen? Die Frau war mit ihrem Hund Gassi gegangen. Die "Alte Landstraße" war dazu gut geeignet. Ihr Hund, ein niederläufiger Terrier, also ein Hund mit kurzen Beinen, breiten Pfoten, die zum Buddeln gut geeignet waren und er vor allem mit viel Temperament gesegnet, tobte mal vor – mal zurück. Immer in Bewegung. Frauchen und Hund also einfach glücklich. Entgegen aller behördlicher Anweisungen den Hund an der Leine zu lassen (Leinenzwang), ließ

Frauchen ihren Tobi, so hieß der Terrier, ohne Leine laufen, weil das ihm besonderen Spaß machte.

Dann geschah es. Plötzlich spurtete Tobi los, auf ein Loch zu, bellte hinein und ehe Frauchen eingreifen konnte, verschwand er in dem Loch. Das Loch war der Eingang einer Höhle. Wahrscheinlich der Eingang zu Wohnung von Fuchs oder Kaninchen. Tobi meinte wohl: Der oder das muss doch zu kriegen sein, also hinein in den Bau. Frauchen rief, versprach ein Leckerli, schimpfte und bettelte, aber was ist das alles gegen eine tolle Jagd auf Fuchs oder Kaninchen.

Teils wütend, teils aus Angst um ihren Liebling Tobi, tat Frauchen das Dümmste was passieren konnte. Sie guckte in die Höhle hinein, glaubte eine Bewegung zu erkennen und Tobi zu hören. Sie schob sich weiter in die Höhle hinein. Tastete sich vorwärts um ihren Tobi zu erreichen oder ihn zum Rückzug zu bewegen, doch nichts passierte in dieser Richtung. Nun wollte sie rückwärts, denn sie erkannte, dass sie so nichts erreichte. Doch nun stand fest, dass der DDR-Slogan stimmte: „Vorwärts immer – rückwärts nimmer".

Im Gegenteil. Durch ihre Bewegungen fing die Erde ringsherum zu bröckeln an. Sie musste erkennen, dass sie feststeckte. Jetzt kam Panik auf und sie begann um Hilfe zu rufen und mit den Beinen zu strampeln. Das war im Prinzip ein hoffnungsloses Unterfangen. Um diese Abendzeit war kaum ein Mensch auf der "Alten Landstraße", die einem Feldweg ähnlicher war als einer Straße, unterwegs. Ihre Rufe waren, da sie mit ihrem Körper die Öffnung fast verschloss, auch nicht sehr weit zu hören.

Doch manchmal hat jeder etwas Glück. Unsere Freunde hatten es zwar eilig, aber doch die dumpfen Rufe gehört und die Bewegungen, die ja dort eigentlich nicht üblich waren, bemerkt. Vermuteten ein verletztes oder ausgesetztes Tier.

Der Schrecken über den Anblick der sich ihnen bot, war kaum zu beschreiben. Was wäre gewesen, wenn kein Mensch vorbeigekommen wäre, denn es kam ja noch dazu, dass es langsam dunkelte. Unsere Freunde versuchten die Frau herauszuziehen. Das gelang aber nicht und so riefen sie Polizei und Feuerwehr. Die kamen zum Glück schnell und befreiten die Frau unverletzt aus ihrer misslichen Lage. Nun saß sie da und heulte jämmerlich um ihren Tobi.

Gut, das Feuerwehrleute auch tierlieb sind und so

wurde weiter gebuddelt. War zwar nicht ganz einfach, doch nach gefühlter Ewigkeit konnte Tobi, der seinerseits versucht hatte sich freizugraben, völlig entkräftet gerettet werden. Jetzt war Frauchens Kraft auch zu Ende und die Feuerwehrleute mussten Frauchen und Hund wieder ins Leben zurückrufen.

Wir hatten zwar keinen Spaßabend, haben aber noch lange zusammengesessen. Der Gedanke, was gewesen wäre, wenn unsere Freunde nicht durch einen unglücklichen Zufall, sie hatten den geplanten Bus versäumt und mussten darum die "Alte Landstraße" zu Fuß benutzen, die Frau nicht bemerkt hätten. So hat es sich wieder einmal bewiesen, dass man oftmals einfach nur Glück gehabt hat.

Wir haben nie erfahren was aus Tobi und seinem Frauchen geworden ist. Unsere Freunde haben sich altersgemäß aus dem Leben verabschiedet, doch diese wahre Begebenheit ist es wert erhalten zu bleiben.

Eva Maria Kluck, Stahnsdorf

Ali - vom Looser zum Boss
oder vom letzten auf den ersten Platz

Unsere Nachbarin suchte eines Tages ein Zuhause für einen jungen Chow Chow aus einer Versuchsreihe, bei der das Verhalten von Hundewelpen beobachtet wurde. Der „Looser", der immer erst als Letzter an den Fressnapf durfte und nur noch die Haferflocken bekam, konnte bis dahin nicht vermittelt werden. Schon nach fünf Minuten der ersten Begegnung hatte sich „Ali vom Oraniengrund" in unser aller Herz geschlichen.

Eins ist geblieben: Er fraß sein Leben lang gerne Haferflocken! Aber schon nach kurzer Zeit durfte seine uns besuchende Mutter nicht mehr an seinen Fressnapf. Jetzt war er der Boss!

Unser Ali war im wahrsten Sinne des Wortes ein fauler Hund. Im Sommer lag er bis kurz vor seinem Siedepunkt, mit Blick auf das Gartentor, in der Sonne, wechselte dann durch die immer offene Kellertür zum Steinfußboden im kühlsten Kellerraum. Diesen Stellungswechsel machte er bis endlich alle im Bett waren. Dann legte er sich auf den kleinen Balkon vor dem Schlafzimmer meiner Eltern. Von dort hatte er das Gartentor und die ruhige Kleinmachnower Seitenstraße im Blick.

Er bellte oder knurrte nur im Notfall, also fast nie. Jeder Besucher konnte völlig unbehelligt an ihm vorbei auf unser Grundstück gehen, danach stand Ali jedoch auf und legte sich quer vor das Gartentor. Der Rückweg war somit für die Gäste nur mit ausdrücklicher Genehmigung eines Familienmitgliedes möglich.

Auf seinem Balkonplatz war er auch ein stiller Beobachter, nur der Freund der Nachbarstochter schaffte es, ihn einmal so zu erschrecken, dass er aufsprang und mit einem leisen „Wuff" sein Frauchen rief. Der Afrikaner hatte sich mit dunklen Sachen und auf leisen Sohlen unserem Haus genähert und Ali hatte ihn erst durch seine glimmende Zigarette bemerkt.

Bekannte Besucher wurden von Ali durch Schwanzwedeln bewertet, schon bevor wir sie sehen konnten. Durch Streicheleinheiten ließ er sich aber gerne bestechen.

Ali liebte die ruhigen Fernsehabende, an denen Frauchen mit ihren Füßen seinen Rücken streichelte und Herrchen seinen Kopf kraulte. Besuchern konnte er ohne Worte sehr gut deutlich machen, dass sie ihn störten. Dann erhob er sich von seinem notgedrungenen Ausweichplatz in der oberen Etage, kam die Treppe herunter, schaute mit seinem dicken Kopf um die Ecke, starrte den Besuch an, stöhnte ganz laut und trottete die Treppe wieder hinauf. Spätestens beim dritten Mal verstanden auch hartnäckige Besucher diesen Hinweis.

Wenn Ali Lust auf einen Bummel in die Umgebung hatte, vergaß er für kurze Zeit seine Trägheit und sprang auf den Maschendrahtzaun. Weil er es nicht darüber schaffte, blieb er mit dem Bauch hängen und rutschte durch das Wackeln der Hinterbeine auf der anderen Seite herunter. Für den Rückweg liebte er es wieder komfortabel. Er setzte sich vor das Gartentor und wartete geduldig auf Einlass.

Katzen und Eichhörnchen duldete er nicht in seinem Revier. Wenn er einen dieser Eindringlinge entdeckte, konnte er sogar schnell sein. Manchmal wartete er dann stundenlang geduldig unter dem Baum, auf dem das Tier verschwunden war, vergeblich auf dessen Rückkehr. Ob die Eichhörnchen ihn auslachten?

Wir hatten damals schon eine gut funktionierende „Gewitterwarnung". Wenn unser Teddybär sich im Schlafzimmer unter die Betten meiner Eltern verzog, war das Gewitter schon sehr nahe und er wurde erst wieder gesehen, wenn es aufgehört hatte zu donnern.

Evelyn Barucker, August 2022

Ali als Sündenbock

Als ich ungefähr 13 Jahre alt war, haben mein zwei Jahre jüngerer Bruder und ich die Aufteilung der Hausarbeit mit körperlichem Einsatz klären wollen. Diesmal hatte ich ausnahmsweise einmal gute Karten und schon fast gewonnen. Aber beim Hin- und Herschieben erwischte ich nicht die Küchentür, sondern die geschlossene Tür zum Windfang. Zu unserem Pech hatte diese Tür zwei Glasscheiben. In die untere der beiden Glasscheiben schubste ich meinen Bruder, wobei diese Scheibe in Scherben ging.

Sofort war der Streit vergessen und wir kontrollierten meinen Bruder auf eventuelle Verletzungen, die aber durch seine Lederhose zum Glück verhindert wurden. Wir entfernten die Scherben, erledigten den Küchendienst in völliger Einigkeit gemeinsam und berieten dabei, wie wir Ärger mit unseren Eltern vermeiden könnten. Schnell hatten wir eine Lösung: Es war Ali! Das schien uns genial, denn wir konnten den Glasbruch mit seinem Jagdtrieb begründen.

Zum Feierabend haben wir unseren Eltern schon am Gartentor von Alis angeblichem Vergehen berichtet. Dabei entging unseren Eltern natürlich der fröhlich schwanzwedelnde Hund neben uns nicht. Wir Kinder übersahen das, aber unsere Eltern wussten genau, wie dieser Hund mit schlechtem Gewissen ausgesehen hätte. Diese Erkenntnis haben sie aber für sich behalten. Erst viele Jahre später erzählten sie, wieso sie uns diese Geschichte nie geglaubt haben.

Bis zur Reparatur der Scheibe freute sich unser Teddy über den ungehinderten Zugang vom Windfang in das Haus, denn er passte gut durch das entstandene Loch.

Evelyn Barucker, August 2022

Tierischer Familien - Zuwachs

Ein Nymphensittich, der auf den Namen Jakob hörte, begleitete unser Familienleben etliche Jahre. Der Vogel lebte vorher bei einer Familie, die eine Treppe tiefer in unserem Plattenbau wohnte.

Diese tierliebenden Mitbewohner beherbergten außerdem den Dackel Alf, eine Schar farbenfroher Wellensittiche sowie viele bunt leuchtende Fischchen in einem großen Aquarium. Später gesellte sich eine Schildkröte hinzu. Eines Tages beschloß die Familie, für vierzehn Tage zu verreisen. Hierzu organisierten sie die Betreuung ihrer Haustiere und klingelten auch an unserer Tür.

Die Nachbarn fragten an, ob wir ihren Nymphensittich Jakob während ihrer Abwesenheit betreuen würden. Ich zögerte zunächst, doch die Kinder bestürmten mich, Jakob zu uns zu nehmen. So geschah es, daß wir zur Urlaubsvertretung für einen Vogel samt Käfig und ausreichendem Futtervorrat wurden.

Der Sittich verhielt sich zunächst ängstlich und bei Berührungsversuchen aggressiv. Da bekam man schon mal seinen scharfen Schnabel zu spüren und durchdringendes Geschrei zu hören. Aber dank der geduldigen Bemühungen aller Familienmitglieder wurde Jakob immer zutraulicher. Er hörte interessiert auf die vorgesprochenen Worte und begann, den Familienpfiff nachzuahmen.

Die Zeit mit ihm verging wie im Fluge. Bald konnte er den Käfig für einen Ausflug in der Wohnung verlassen. Jakob drehte dann mit seinen ausgebreiteten Flügeln mehrere Runden und landete gern auf dem Haarschopf einer anwesenden Person. Welch ein Schreck beim ersten Mal, als mein Kopf als Landeplatz auserkoren wurde. Ziemlich schnell lernte Jakob, seinen Namen und einige andere Wörter zu sprechen. Er ahmte Geräusche täuschend echt nach und pfiff sehr gern.

Wenn ein Familienmitglied die Wohnung betrat, machte sich unser Nymphensittich schon vorher bemerkbar. Er schien sich über das Wiedersehen zu freuen und setzte sich auf die hingehaltene Hand oder auf die Schulter. So verging die Zeit und wir bemerkten kaum, daß die Nachbarn schon längst aus dem Urlaub zurückgekehrt waren. Jakob wurde jedoch nicht abgeholt! Auf meine Nachfrage bei den

Besitzern überraschte mich ihr Angebot, uns den Vogel zu schenken. Natürlich wollten wir alle den uns lieb gewordenen Sittich behalten. So lebte er etliche Jahre mit uns zusammen und wurde ein Teil der Familie.

Das Leben von Jakob endete auf tragische Weise und war sehr schmerzlich. Während meiner längeren Abwesenheit betreuten die nun großen Kinder daheim den Sittich. Der Älteste glaubte, dem Vogel etwas besonders Gutes zu tun. Er stellte den Käfig auf den Balkon, damit Jakob frische Luft und warme Sonne genießen konnte. Die ungewohnte Wärme tat ihm natürlich nicht gut, auch fehlte ein erfrischendes Wasserbad. Am Abend erhielt er wie gewohnt sein Futter und Wasser, sollte aber die Nacht auch im Freien verbringen.

Am nächsten Morgen dann das böse Erwachen: Jakob hatte die Nacht nicht überlebt! Das hat natürlich niemand gewollt oder vorausgesehen! Die Kinder waren geschockt und eilten zum Telefon. Ihre Stimmen überschlugen sich förmlich, als sie mich über das tragische Ereignis informierten. Es war nicht so einfach, die aufgeregten Gemüter aus der Ferne zu beruhigen. Mein Vorschlag: Einen passenden Ort

der Erinnerung auszuwählen und unseren langjähri-
gen Hausgenossen dort zu begraben!
So geschah es!

Hannelore Wolf, September 2022

Zum Anfang kamen die Fische

Mein Gott – wie die Zeit vergeht. Jetzt bin ich nun schon "uralt". Als die Fische kamen, war ich frische einundzwanzig Jahre alt.

Frisch verheiratet und sogar Bewohner eines Zimmers mit dazugehörender Toilette. Es war das Gästezimmer eines großen Einfamilienhauses und wir waren die stolzen Mieter des Raumes. Ganze zwölf Quadratmeter waren nun unsere Bleibe. Wunderbar.

Im Jahr 1956 war das schon etwas Besonderes. Einbauschränke (Edelholz), gefliese Waschniesche mit großem Handwaschbecken. Dazu ein großer Flur. Wir waren einfach glücklich, da es in der damaligen Zeit zwar keine Wohnungslosen gab, Wohnungen aber auch nicht.

Eines Tages kamen wir durch einen Zufall in eine Aquarienhandlung. Es war toll. In einigen Schaubecken tummelten sich Schwärme von ach so hübschen und niedlichen kleinen Süßwasserfischen. Wir waren hin und hergerissen. Nein!!!!! Unser Zimmer ist zu klein. Oder wenigstens ein ganz kleines Becken? Vielleicht so fünf Liter? Meine Güte, Goldfische wurden früher auch in viel zu kleinen runden Gläsern gehalten. Und es müssen ja keine großen und auch nicht viele sein.

Sie ahnen bestimmt was dann kam. Wir ließen uns beraten. Meine Güte, vorauf man alles achten muss. Nach einer guten Stunde waren wir dann Besitzer eines kleinen Vollglasaquariums, einer Tüte Sand, fünf Wasserpflanzen, einem Stück Steinholz als Schmuck und als Versteckmöglichkeit für die Fische.
Dazu kamen noch ein Unterwasserthermometer, ein kleiner Heizer, ein Futterring, zwei Tüten Trockenfutter und natürlich – neun Fische. Es waren sieben Guppies und zwei Schwertträger und dann noch zwei Wasserschnecken zur Beseitigung der Futterreste. Das war ein ganz schöner Einkauf. Wir hatten Mühe, alles gut zusammenzupacken, um es sicher auf unseren Fahrrädern unterzubringen.

Unser Besitz hatte sich vergrößert, dafür war unser Portemonnaie etwas leerer. Ach so, das Einweckglas, in dem die Fische untergebracht waren, war geliehen und musste zurückgebracht werden. So hatten wir, eigentlich ungewollt, einen für uns größeren Einkauf getätigt, waren vollgestopft mit neuem Wissen, denn von Zierfischen hatten wir bis dahin keine Ahnung.

Na ja – im Laden sah es alles ganz toll aus und wir waren guten Mutes ob unserer Anschaffung. Doch dann kamen wir in unserem Zimmer an. Große Frage – kleiner Raum. Aber wir hatten ja, da unser Zimmer ein ausgebauter Dachraum war, eine Mansarde. In diese passte genau unsere antike Kommode. Auf diese kam nun unsere Neuanschaffung.

Für uns totale Neulinge in der Aquaristik war die Einrichtung des Beckens gar nicht so einfach. Sand rein, Wasser rauf – trübe Brühe. Bestimmt nicht gut für unsere Kleinen. Also Wasser wieder raus. Hätten den Sand vielleicht vorher ausspülen sollen. Ist ja nun unfreiwillig geschehen. Idee: Sand abdecken, Wasser kann nicht mehr aufspülen. Gesagt getan. Hat geklappt! Nun das Steinholz platziert, die Pflanzen eingepflanzt. Nun die Technik hinein. Oh Wunder, wir hatten sogar die richtige Temperatur des Wassers. Nun kam das Wichtigste.

Ganz vorsichtig tauchten wir das Glas mit den Fischen in das Aquarium damit sich beide Wasserarten vermischen konnten. Ist auch gut gegangen und als erstes verschwanden alle Fische erst einmal hinter dem Steinholz. Und was machten wir? Wir saßen wie ein paar kleine Kinder vor dem Aquarium und sahen zu wie die Fische ihre neue Heimat erforschten. So nach einer Woche hatten wir uns aneinander gewöhnt. Wir wussten wie viel Futter die Fische brauchten und die wussten: Klopfzeichen bedeutet: Fressen kommt. Doch was war das? Neun kleine Winzlinge versteckten sich hinter den Pflanzen. Eine der Kleinen hatte Junge bekommen.

Wie niedlich! Aber oh Schreck, mit dem Nachwuchs war das Becken zu klein. Wie wir nun so auf unserer Bettkante saßen, unser Bett war über Tage als Sofa eingerichtet, fiel unser Blick auf das einzige freie Stück Wand zwischen Wohnungstür und Waschnische. Da stand unser kleiner transportabler Kachelofen. Der Winter war ja vorbei und so wurde er zurzeit nicht genutzt. In der warmen Jahreszeit hatten wir ihn immer gegen ein Vertiko ausgetauscht. Ja - das war's! Ofen gegen Vertiko und darauf Aquarium. Die Wohnungsnot unserer Fische war also erst einmal gelöst.

Ob es nun auch gelingt unsere Wohnungslage zu verbessern? Man darf die Hoffnung ja nicht aufgeben. Oh Wunder, wir hatten Glück. Wir bekamen einenhalb Zimmer, einen Abstellraum und Badbenutzung. Die obere Etage eines Einfamilienhauses. So zogen wir das erste Mal mit unseren Tieren, Fische sind ja schließlich auch Tiere, um. Sie ahnen es bestimmt, es sollte nicht der letzte Umzug und schon gar nicht die Anschaffung der letzten Tiere sein.

Geschrieben habe ich dies Geschehen im Jahr 2022. Es ist nichts ausgedacht. So ist diese Tiergeschichte auch ein Zeitzeugnis der Jahre von 1956 an, und somit in zweifacher Hinsicht lesenswert.

Eva Maria Kluck, 18. September 2022

Petti - der Wellensittich

Ich glaube, fast jedes Kind wünscht sich ein Haustier, so auch unsere Tochter. Von Hund über Katze und Meerschweinchen wurde wegen unserer berufsbedingten langen Abwesenheit und der kleinen Wohnung alles abgewählt, jedoch gegen einen Wellensittich fehlten uns die Argumente. So zog „Petti" bei uns ein. Wenn die Tochter alleine aus der Schule nach Hause kam, begrüßte sie der kleine Kerl schon fröhlich. Sie beschäftigte sich viel mit ihm und er durfte dann auch zeitweise aus dem Käfig.

Machte sie Hausaufgaben, saß er oft auf ihrer Schulter und knabberte sehr vorsichtig an ihrem Ohr. Knabbern war seine Hauptbeschäftigung. Saß er in seinem Käfig, versuchte er durch die Gitterstäbe hindurch die Tapete zu erwischen. Bis wir es bemerkten, hatte er schon eine große Fläche geschafft. Er saß auch gerne auf den Rücken der Schulbücher, die ordentlich eingeschlagen in ihrem Regal standen. Wir hörten die Tochter oft schimpfen, wenn beim Herausnehmen eines Buches der Umschlag auf den Boden fiel, weil Petti fein säuberlich den oberen Rand abgeknabbert hatte. Wir brauchten also immer einen großzügigen Vorrat an Einschlagpapier. Er war auch gerne bereit, ihr beim Schreiben zu helfen, indem er in ihren Federhalter biss und an der Feder zog, was unsere Tochter jedoch nicht so lustig fand. So gab es einige Striche im Hausaufgabenheft.

Wenn sie ihn dort verjagte, brachte er leichte Sachen wie Stifte, Zettel und Radiergummi an den Rand des Tisches und ließ sie dort fallen. Er landete auch gern auf unseren Köpfen. Dabei gab es nur eine Ausnahme. Mein Vati hatte eine Glatze und die war ein ungeeigneter Landeplatz. Er konnte sich nicht halten und schlitterte, bis er erst in seinem Haarkranz Halt fand.

Wenn wir Karten spielten und er nicht in seinem Käfig eingesperrt war, rannte er aufgeregt auf dem Tisch hin und her und trug die ausgelegten Karten an den Rand des Tisches. Den nach unten fallenden Karten sah er dann interessiert hinterher.

Auf einer der seltenen Kaffeetafeln, bei der es echte Schlagsahne gab, machte er mit ausgebreiteten Flügeln eine Bruchlandung mitten in die weiße Pracht. Ich kann heute nicht mehr sagen, ob noch jemand davon gegessen hat, nachdem wir das schimpfende Wesen von der Sahne befreit hatten. Über unsere dummen Gesichter haben wir jedenfalls noch lange gelacht.

Aus dem Haustier für unsere Tochter war schnell ein Haustier für die ganze Familie geworden.

Evelyn Bruckner, August 2022

Paulchens Abenteuer

Es war einmal ein kleines Haus. Das stand in einem schönen Garten mit vielen bunten Blumen und einem roten Zaun rund um den Garten.

In dem Haus wohnten Pit und Petra mit ihren Eltern, der Katze Miez und Schäferhund Borja.
Unter einem losen Dachziegel wohnte noch die Familie Spatz. Papa Spatz, Mama Spatz und fünf kleine Spätzchen.

Der kleinste von den fünf kleinen Spatzen hieß Paulchen. Er war ein richtig kleiner frecher Spatz. Er wurde schon ein bisschen bunt wie sein Spatzenpapa, hatte aber noch ganz viel gelb am kleinen Schnäbelchen, wie alle Spatzenkinder wenn sie ganz klein sind.

Wie bei vielen kleinen Kindern, war es auch bei Familie Spatz. Die Spatzenmama konnte sagen was sie wollte, Paulchen hörte einfach nicht hin. Es gab ja so viel zu sehen! Da eine dicke Fliege, dort ein Käferchen - wie sollte er sich da merken, dass Mama Spatz ihn ermahnte immer schön aufzupassen.

Eines Tages saß Paulchen wieder einmal auf dem Nestrand und sah in den Garten hinaus. Da flog ganz dicht an seinem Schnabel eine dicke Fliege vorbei. Paulchen wollte sie schnappen – uns bumms lag er unten im Gras. Er war doch glattweg aus dem Nest gefallen. Er rappelte sich auf und hörte Papa Spatz rufen: „Du musst ganz schnell fliegen!" Aber oh weh! Er hatte ja nicht aufgepasst und wusste nicht wie man das macht.

Wie er noch so umherhüpfte und jämmerlich nach seiner Mama schrie, kam Miez, die kleine weißbunte Katze von Pit und Petra herbei. Schwuppdiwupp – hatte sie den kleinen frechen Paul gefangen.

Paulchen war vor Schreck ganz steif, als ihn Miez im Maul davontrug. Sie trug ihn in die Küche um ihn Pit und Petra zu zeigen. Das sah der Hund Borja. Der wollte den Spatz auch einmal sehen und knurrte Miez an. Die öffnete das Maul und Paulchen fiel auf die Erde, und da er noch ganz steif war, konnte er nicht einmal davon hüpfen. Da hatte ihn auch schon Borja in die große Schnauze genommen. Nur das kleine Schwänzchen und die Flügelspitzen guckten noch raus. Das sahen Pit und Petra. „Aus! Borja!"rief Pit befehlend. Borja öffnete brav die Schnauze und

Paulchen fiel wieder einmal auf den Boden.

„Och! – gucke mal ein kleiner Spatz!" rief Petra. Sie hob Paulchen auf. „Er lebt ja noch!" schrie sie gleich darauf und hielt den kleinen, vor Angst zitternden Spatz ganz zart in ihren Händchen. Der ist bestimmt aus dem Nest unter dem Dach gefallen meinte Pit. „Wir bringen ihn wieder hinauf" bettelte Petra und sah ihren Bruder Pit bittend an.

Die Kinder holten eine Leiter lehnten sie an das Dach und brachten das kleine Paulchen, das etwas gerupft aussah und von der Hundespucke ganz nass war, vorsichtig wieder hinauf zum Nest.

Nun war Paulchen gar nicht mehr so frech. Ganz brav saß er jetzt immer wie die anderen kleinen Spatzenkinder und hörte zu, was seine Spatzenmama erzählte.

Die Kinder aber kauften für Miez ein ganz weiches Halsband mit einem kleinen Glöckchen. Wenn sie nun hinaus in den Garten geht, können alle kleinen Vögelchen von weitem hören, dass Miez im Anmarsch ist. Sie können dann ganz schnell wegfliegen, so wie es ihnen ihre Mama gesagt hatte.

Geschrieben habe ich die Geschichte 1965 für die Kinderseite unserer Betriebszeitung nach einer wahren Begebenheit.

Eva Maria Kluck,

Das lustige Tier - ABC

Affen können gaffen

Bären sich wehren

Ein Chinchilla wohnt in einer Villa

Dackel können wackeln

Der Elefant steht an der Wand

Die Fledermaus hat kein eignes Haus

Giraffen mögen keine Affen

Hasen sitzen und grasen

Der Igel sitzt vor dem Spiegel

Der Jaguar ist gerade da

Das Kamel heißt Raphael

Die Laus heißt mit Namen Klaus

Mäuse laufen durch Gehäuse

Nattern können nicht schnattern

Otter werden immer flotter

Der Papagei legt ein Ei

Die Qualle ist ganz schön dralle

Die Ratte balanciert auf der Latte

Schweine haben kurze Beine

Tiger, Taube, Trampeltier, ja die gefallen mir

Der Uhu schreit huhu

Die Vogelspinne sitzt in der Regenrinne

Wespen denken, sie wären die Besten

Ein Tier mit **X**, das kenn' ich nicht
Das **Y**ak trägt einen Zottelfrack
Das **Z**ebra steht mit Streifen da.

Ellen Wutschik, August 2022

Überraschung !!!!

Es ist schon viele Jahre her. 1985, als ich mich auf meinen Geburtstag vorbereitete. Na ja, das Leben verlief in geordneten Bahnen. Allerdings konnte mein Sohn, 17 Jahre alt, manches Mal so einiges durcheinanderbringen. Hatte ständig neue Ideen und viele Freunde, die halfen, selbige zu verwirklichen. Eines Abends stand er im Zimmer, hatte ein großes Etwas, eingewickelt in ein Tuch, auf dem Arm. "Mutti ich bringe dir heute schon mal was zum Geburtstag." Stellte das Etwas auf den Tisch und war erst einmal weg. Mein Mann und ich guckten uns erstaunt an, dann lüfteten wir das Tuch und stellten fest, dass es gut war, dass sich mein Sohn verdrückt hatte.
Hervor kam ein Vogelkäfig. Nicht gerade sauber. In einer Ecke saß zusammengekauert ein blauer Wellensittich. Mein Mann war kurz davor zu Platzen. Mich packte das Mitleid mit dem kleinen Piepmatz. Ich hängte das Tuch über die Rückseite des Käfigs und füllte erst einmal den Wassernapf. Da hob der Piepmatz wenigstens das Köpfchen. Also - leben tut er noch. Nun tauchte mein Sohn wieder aus der Versenkung auf und wir erfuhren die ganze Geschichte.

Die Mutter eines Kumpels meines Sohnes musste einen "Zwangsurlaub" von eineinhalb Jahren antreten und übergab die Pflege des Wellensittichs an ihre beiden halbwüchsigen Kinder. Mein Sohn stellte fest, dass deren Pflege doch sehr zu wünschen übrig ließ. Sein Vorschlag war dann, dass er den Vogel mir anvertrauen will. Sie müssten aber für Sand und Futter sorgen. So wurde der Piepmatz umquartiert. Mein Sohn wusste ja, wie er Mutter überzeugt. "Ich weiß doch wie tierlieb du bist", mit treuen blauen Augen vorgetragen, hat so was schon immer geholfen. So fragte ich dann nur noch: "Wie heißt er denn?" Die Antwort grinsend: "Das sagt er dir bestimmt morgen selber", packte noch zwei Tüten Futter hin, und weg war mein Junior.

Am nächsten Morgen wurden wir von unserem neuen Mitbewohner geweckt. Er zwitscherte. Eigentlich konnte man das nicht zwitschern nennen. Mehr krächzen. Ich gab ihm frisches Wasser und Futter. Er hüpfte auf die höchste Stange seines Käfigs, schlug mit den Flügeln und dann stellte er sich vor.
"Putzi - Putzi - Putzi, Putzi ist lieb" ertönte es. Meine Güte - das Kerlchen konnte sprechen! Ran an den Futternapf: "Pima - pima". Kommentar meines Sohnes: "Kann man so ein Kerlchen verkommen lassen?"

Sieg auf der ganzen Linie. Dann wurde ausprobiert. Alle Fenster in der Wohnung zu und Käfig auf. Putzi setzte sich in die geöffnete Tür und sah sich im Zimmer um. Flügel bewegt, wieder Rückzug. Endlich traute er sich, flog los. Kam aber nicht weit. Bruchlandung. Kopfüber Schnabel in den Teppich gebohrt. Nun saß er da. Wie wieder nach oben kommen? Als ich mich zu ihm runter beugte, ergriff er die Gelegenheit und schaffte es, mehr mit einem Hopser als mit Fliegen, auf meine Schulter zu kommen. Zurück zum Käfig war er richtig froh. Die Freiheit zum Flug lockte aber doch mächtig und nach so fünf Bruchlandungen wurde er immer sicherer. Wählte auch ganz bewusst Kurzstrecken aus.

Z.B. einen Bogen um den Käfig, von wo man ja auch zu Fuß wieder nach Hause gehen kann. Dann war der Tisch das Ziel. Von da hatte er ja eine gute Startbahn. Als Dankeschön half er dann beim Abräumen des Tisches nach der Teepause. Putzi schob unsere Jenaer Glaseetassen zum Rand des Tisches und schubste sie runter. Da hatte ich die Entscheidung zwischen Ärger darüber und das Geschehen lustig zu finden. Putzi löste die Frage mit den Worten: "Mein Gott ist duster!" Und ab mit gelungenen Start in den Käfig. Als er dann noch gute Nacht wünschte, wurde uns klar, der kleine Kerl hat es geschafft uns innerhalb eines Tages in die Tasche zu stecken und ein Familienmitglied zu werden.

Als wir dann Gäste hatten, war uns nicht ganz wohl. So ein niedliches Kerlchen in so einem miesen Käfig! Stimmte aber. Dem stand entgegen, dass Putzi uns ja nicht gehörte. Doch dieses Problem löste sich dann bald. Eigentlich sollten die Besitzer Futter und Sand liefern.

Doch das war der Fall von Denkste. Auch sollte der Käfig gesäubert werden. Auch da Denkste! Mein Sohn argumentierte, dass der Vogel nichts dafür könne, anderthalb Jahre eine lange Zeit sind und man weiß nicht ob sie ihn dann überhaupt wieder haben wollen. Wo er Recht hat – hat er Recht. So wurde eine Voliere gekauft. So groß, dass Putzi darin flattern konnte. Das tat er dann auch ausgiebig. Als Dankeschön: "Putzi, Putzi, Putzi, Putzi ist müde!" Man konnte sogar an die Rückseite der Voliere eine flache Wasserschale zum Baden anhängen. Da war Putzi allerdings sehr skeptisch, probierte mit einem Bein und fand wohl: Wasser ist zum trinken da. Ich muss dazu sagen, dass Vögel eigentlich nie so mein Ding waren, aber Putzi war eben so niedlich und lustig mit seinen Kommentaren, dass man ihn einfach gerne haben musste.

Er knabberte zwar beim Abendessen die Wurst auf der Stulle an, warf meinen Ring, den ich kurz abgelegt hatte durch das Zimmer, so dass wir Möbelrücken spielen mussten, um ihn unter dem Schrank, wohin er gekullert war, hervorzuholen. Kurz und gut – wir hatten Putzi alle gern, denn "Putzi, Putzi, Putzi ist liiieb".

Doch irgendwann kam sein richtiges Frauchen wieder und wollte ihn zurück. Doch damit war mein Sohn nicht einverstanden. Ausgemacht war, das Sand für den Käfig und Futter geliefert werden sollten. Das geschah aber nicht. Er machte mal schnell eine Rechnung auf. So und soviel Wochen mal Tüten Sand und Tüten Futter sind gleich so und soviel Mark. Damit hatte das Ex-Frauchen nicht gerechnet. Ihre Sprösslinge bekamen eine Strafpredigt zu hören, eine Kürzung des Taschengeldes zum Kauf eines neuen Wellensittichs und wir waren nun die Besitzer von Putzi.

Doch alles hat einmal ein Ende. Wir hatten ja viel Freude an Putzi. Doch dann flog er immer weniger und saß oft still in der Voliere. Als er einmal die Flügel spreizte sahen wir, dass er unter einem Flügel, praktisch unter der Achsel, eine dicke dunkle Beule hatte. Also ab zum Tierarzt. Der besah sich die Beule wurde sehr ernst. Unser kleiner Putzi hatte dass, was auch uns Menschen in Panik versetzt: Krebs. Operation? Verursacht bei so einem kleinen Vogel nur Schmerzen. Die Geschwulst ist aber schon so weit, dass eine Heilung unwahrscheinlich ist. Traurig machten wir uns auf den Heimweg mit unserem ganz stillen kleinen Putzi. Am Abend gab es noch einmal ein „Mein Gott ist duster". Am nächsten Morgen war er von seinen Leiden erlöst. Der Tierarzt hatte wohl recht gehabt. Die Geschwulst war innerlich so weit, dass sie Herz und Lunge geschädigt hatte und so war er in der Nacht für immer eingeschlafen. "Mach's gut auf Wolke sieben, kleiner Putzi".

Eva Maria Kluck, 2022

Putzi und Co.

Putzi wurde unser Haustier im Jahre 1981. Ein süßes, flauschiges Zwergkaninchen. Sein Fell war weiß – braun und es selbst einfach allerliebst. Lange schon wünschten sich die Kinder, besonders unsere „Große" so einen Hasi. Bevor es Putzi in Wirklichkeit gab, stand der Name längst fest. Denn so ein Häschen ist doch putzig süß wenn es Männchen macht oder sich putzt. Also Putzi, Putzi!

Zum 11. Geburtstag von Dani erfüllten wir nun diesen Wunsch. Unser Balkon in der 3. Etage wurde zur Hasiwohnung. Mein Mann hatte einen Stall gebaut. Ach was, – keinen Stall, eine Luxusbleibe für Putzi ist es geworden. Mehrfach gedämmt mit Styropor, einem großen Fenster mit Fensterladen, der großen Dachklappe zum Öffnen und einer Treppe zwischen den beiden Etagen. Jede Menge Heu und Stroh zum Wohlfühlen kam hinein inklusive Futterecke. Der Stall war so toll gebaut. An alles war gedacht und nun bereit für den feierlichen Einzug.

Dieser fand dann an einem späten Apriltag statt. Die Freude der Kinder war riesig.

Nichts war so wichtig und so interessant wie Putzi. Auch bei der Kindergeburtstagsrunde der Mädchen war Hasi der Star, die Nr. 1. Was musste das arme Tier alles über sich ergehen lassen. Die Zuneigung und die Streicheleinheiten konnten nicht enden.

Bevor sich die Runde am Abend auflöste, wurde Putzi von allen gemeinsam in seinen Stall begleitet. Er hatte an diesem Tag viel Zeit auf dem Balkon, der ja aufs Häschen vorbereitet und präpariert worden war, verbracht. Auch im Kinderzimmer durfte er zeitweise hoppeln. Diese Ausnahme war besprochen und erfreute die Mädchen. Nun aber hockte, der sicher von dem ganzen Stress erschöpfte Putzi, in seinem Luxusstall und es hätte nur noch das Schlaflied gefehlt.

Ein schöner Geburtstag mit glücklichen Kindern war zu Ende. Der erste Morgen mit unserem Familienzuwachs kam und der Schock beim Betreten des Kinderzimmers. Unser Kaninchen sauste über die Betten, über Möbel und darunter, wurde gefangen und wieder freigelassen – eine wilde Jagd. Dies alles seit Stunden, denn die Nässe und die „Kügelchen" überall, verrieten alles.
Was macht man da als Eltern?

Nochmals die Ansage: „Putzi wohnt im Stall. Er darf auch mal auf dem Balkon und ab und zu in die Wohnung - nur am Tage". Die Kinder versprachen Besserung und: „Er sei halt zu süß und vielleicht auch zu einsam in seinem Haus". Gemeinsames Aufräumen und Saubermachen war nun angesagt.

Putzi lebte ziemlich lange bei uns. Sein Stall wurde weiter perfektioniert, auf alle Wetterlagen im Winter und im Sommer eingerichtet. Nach mehreren Jahren fand er seine letzte Ruhe im Schuhkarton Gr. 46 und unter der großen Kastanie in unserem Garten. Die Beerdigung war ein trauriger Tag für die Familie. Das Grab wurde mit einem kleinen Holzkreuz und gepflanzten Blumen geschmückt.

Im Laufe des Lebens unserer Kinder und Enkelkinder gab es immer wieder Häschen mit zum Teil verrückten Namen wie Bugs buny, Teddy, Lady Gaga, Lilli, Filli ...
Die Geschichten von Fürsorge, Flucht, Wiedereinfangen und Beerdigen müssen, gehören dazu.
Putzi war unser erstes Kaninchen und somit auch ein besonders liebes Tierchen in der Erinnerung.

Margrit Prauß, Juni 2022

Max – der Goldhamster

Jedes Kind wünscht sich in seinem jungen Leben ein Tier zum Streicheln und Liebhaben, zum Spielen und als treuen Gefährten. Auch meine Kinder träumten davon, ein Tier als Geschenk zu bekommen.

Ein größeres Tier kam für unsere Familie nicht in Betracht. So zog eines Tages zur Freude der Kinder ein niedlicher Goldhamster in seinem Käfig bei uns ein. Der neue Mitbewohner wurde jubelnd begrüßt und auf den Namen „Max" getauft.

Man plante, ihm kleine Kunststückchen beizubringen. Doch diese Versuche scheiterten an der Unlust des auserkorenen „Künstlers". Max liebte die Dunkelheit und erhielt einen Karton zum Verstecken. Leider fiel dieser bald seinen Zähnen zum Opfer, so daß laufend für Nachschub zu sorgen war. Als Spielgefährte eignete sich der kleine Hamster leider auch nicht und die Kinder verloren allmählich das Interesse an Max.

Goldhamster gehören zu den nachtaktiven Tieren. Ausdauernd konnte der kleine Kerl in seinem Laufrad rennen, das nach einer Weile zu quietschen begann. Das nicht sehr leise Geräusch störte bald die Nachtruhe der Schläfer und führte unweigerlich zu großem Unmut.

So wurde Max aus dem Kinderzimmer verbannt. Pflichtbewußt bekam er täglich sein Futter, der Käfig wurde gereinigt und je nach Lust und Laune mit ihm gespielt. Das Leben des kleinen Goldhamsters verlief ziemlich eintönig. Doch eines Tages passierte etwas Ungewöhnliches: Max unternahm einen Fluchtversuch!

Sein Käfig stand auf dem Klappbett des älteren Sohnes. Aufgrund der Tiefe zum Fußboden kam niemand auf die Idee, daß der kleine Kerl dem Käfig entweichen und unversehrt unten landen könnte. Dennoch geschah das Unwahrscheinliche: Max konnte mit Hilfe seiner Zähne die Käfigtür öffnen und ließ sich dann vermutlich herabfallen. Schnell suchte er ein Versteck und fand es in der Matratze des Klappbettes.

Das Geschehen blieb zunächst unbemerkt. Als die Kinder die offene Käfigtür entdeckten, starteten sie sofort eine große Suchaktion. Diese verlief anfangs erfolglos – von Max keine Spur! Ob er sich wohl im Klappbett verborgen hielt? Also das Bett heruntergeklappt und – siehe da, der Ausreißer schaute uns aus unschuldigen Knopfaugen erschrocken an. Er hatte sich in der Matratze häuslich eingerichtet und eine kuschelige Zweitwohnung gebaut.

Es half ihm kein fiependes Jammern – er mußte wohl oder übel zurück in seine ursprüngliche Behausung. Wir achteten nun sorgfältig auf den Verschluß des Käfigs. Und dennoch gelang dem freiheitsliebenden Hamster eine zweite Flucht. Wir konnten ihn dabei beobachten, wie er mit prall gefüllten Backen die Käfigtür bearbeitete, bis sie tatsächlich nachgab. Anhand des folgenden „Tathergangs" war die Rekonstruktion der ersten Flucht möglich: Max zog seinen Körper so lang wie möglich, ließ sich am Bett herabgleiten und das letzte Stück fallen. Er landete ohne Verletzung auf dem Boden und suchte eilends sein Versteck auf.

Wir verfolgten sein Tun gespannt und neugierig. Man mußte so viel Schlauheit bei dem kleinen Goldhamster geradezu bewundern. Max bahnte sich mühelos den Weg in die Matratze, um es sich mit dem Vorrat aus seinen Backen gemütlich zu machen.

Leider währte die Freude für ihn nicht lange: Er mußte zurück in seinen Käfig. Das Türchen wurde extra verriegelt, damit keine weiteren Fluchtversuche möglich waren.

Das Leben von Max mit dem seidigen Fell und den dunklen Knopfaugen währte nicht lange. Eines Tages lag er leblos auf dem Boden des Käfigs. Die Kinder waren zunächst sehr traurig. Sie beerdigten ihn in einem Schuhkarton und besuchten den Ort manchmal zur Erinnerung. Aber die Trauer verflog bald und wich dem Wunsch nach einem neuen Haustier. Aber das ist eine andere Geschichte!

Hannelore Wolf, August 2022

Schmetterlinge

An einem Sommertag
man sich gar sehr erfreuen mag.
Wenn ein bunter Schmetterling sich setzt auf deinen
Arm,
die Sonne scheint und es ist warm.

Du hältst ganz still, willst ihn bewundern – so zart
und fein.
Doch er lässt dich bald schon wieder allein.
Von der Natur herrlich geschmückt,
wir Menschen sind von ihnen entzückt.
Bei Verliebtheit flattern Schmetterlinge sogar im
Bauch,
diese Wunder der Natur – man nennt sie
Falter auch.

Zarte Wesen aus Raupen entpuppt
nun sind ihre Flügel wunderschön betuppt.
Sie werden besungen, in Museen gezeigt,
vielfältig und fein,
sind eine Freude für Groß und Klein.

Sorgen wir für blühende Wiesen in bunter Pracht
und geben so auf die kleinen Schönheiten acht.
Damit sie auch morgen noch flattern für Land
und Leut –
Schmetterlinge – wundervoll, gestern und heut.

Margrit Prauß, Juni 2022

Gestatten Sie eine Frage - wozu brauchen Sie eigentlich Ihren Hund?

Weil er als vierbeiniger Partner nicht widerspricht?

Kann er ja nicht! So guckt er nur lieb oder doch traurig – weil Sie ihn ja auch nicht verstehen?

Als Bettwärmer?

Da ist eine Wärmeflasche billiger und hygienischer – und für beide gesünder!

Als Wohnungsklingelersatz?

Bekommt Freund Hund mächtigen Ärger weil er bellt. Aber wie soll er sonst melden?
Spätestens, wenn die Nachbarn sich beschweren, werden auch Herrchen oder Frauchen sauer!

Als Begleiter?

Da frage ich mich manchmal wer wen führt? Hund will dahin – Mensch dorthin. Stress auf beiden Seiten – und dazu noch die Entsorgungstüte vergessen!

Als Beschützer?

Würde Hund ja gerne machen – aber wie?
Wenn er mal böse knurrt oder gar beißt, ist er gleich ein „böser Kampfhund", dabei wollte er doch nur seiner Meutepflicht gerecht werden und Mensch verteidigen.

Hund von der Leine?

Hund: „Hurra endlich frei!!" Nun aber mit Mensch spielen! Mensch will Hund einfangen rennt hinterher – kriegt Hund nie!

4 Beine sind sind nämlich schneller als 2, und da Mensch ja nun mitspielt – macht es Hund richtig Spaß und er wird immer schneller. Mensch hat Stress – Hund hat bei Rückkehr echt Ärger.

Die Liste der Missverständnisse könnte ich noch beliebig fortsetzen. Ich meine aber, es reicht zum Nachdenken.

Am besten vor dem Kauf eines Hundes.

Eva Maria Kluck, 1987

Luxy

Nachdem meinem Vati eine Arbeitsstelle im VEB „Max Reimann" Werk Dreilinden und ein ehemaliges Wochenendhäuschen einer Berliner Familie zur Miete angeboten wurde, zogen wir 1953 von Beelitz nach Kleinmachnow. Das 3.000 qm große Grundstück lag hinter den Nachbargrundstücken und war nur durch eine lange torlose Einfahrt mit der Straße verbunden. Aus einer Wohnung ging es also in ein Haus mit Garten - wir waren glücklich!

Wie lautet doch noch das Zitat von Wilhelm Busch: „Ein jeder Wunsch, wenn er erfüllt, kriegt automatisch Junge."

Bei uns war das „Junge" ein Hund. Wir fanden hundert Gründe für diese Anschaffung und rannten bei meiner Mutti offene Türen ein. Eines Tages war er dann tatsächlich da: Ein junger Schäferhundmischling, in hellblond, passend zur Haarfarbe unserer Familie.

Er war sehr verspielt und hatte tolle Ideen. Gerne versteckte er unsere Spielsachen und wir mussten oft tagelang danach suchen, denn es gab sehr viele Möglichkeiten. Einmal entdeckte er auf der Wäscheleine die im Wind wehenden Strümpfe meiner Mutti. Kurz entschlossen hängte sich der kleine Kerl mit seinen Krallen in die Maschen und schaukelte mit Vergnügen. Außer meiner Mutti waren alle begeistert.

Für Missetaten gab es stets einen Klapps mit dem Teppichklopfer auf den Po. Irgendwie gelang es ihm, Speck aus der Küche zu entwenden. Bevor sein Vergehen entdeckt wurde, hat er vorsorglich den Teppichklopfer an sich gebracht und versucht, ihn zu vergraben. Dazu buddelte er mit den Vorderpfoten ein Loch, legte den Ausklopfer hinein, buddelte

wieder zu und betrachtete sein Werk. Leider schau-
te der Stiel noch heraus. Also zog er den Teppich-
klopfer wieder heraus und suchte eine neue Stelle.
Nachdem er mehrmals mit dem Ergebnis seines Tuns
unzufrieden war, legte er sich einfach darauf. Fertig!

Mein Vati war gelernter Autoschlosser und verbrachte
seinen Feierabend oft unter den Autos von Freunden
und Bekannten. Allzugern befreite Luxy dann seine
Füße von den Schuhen und hoffte auf eine tolle Ver-
folgungsjagd. Wenn mein Vati nicht reagierte, kaute
er zur Strafe an seinen Socken.

Luxy hatte schnell jedem Familienmitglied eine bestimmte Rolle zugedacht. Meine Mutti war der Bestimmer und der Ernährer. Ich war für das Streicheln und Kuscheln zuständig. Von meinem Bruder wurde er manchmal geärgert oder am Schwanz gezogen. Dafür rächte sich Luxy, indem er meinen noch schlecht laufenden kleinen Bruder kurz am Hosenboden festhielt und dann plötzlich wieder losließ. Der plärrte dann: „Mutti! Der Luxy hat mich umgeworfen!" Luxy schaute aber völlig unschuldig drein und bestritt so den Vorwurf.

Besucher begrüßte er sehr freundlich. Das überstanden aber nur sehr kräftige Besucher ohne Wand im Rücken, denn er sprang den Besuchern vor Freude mit den Vorderpfoten auf die Schultern. So manche Begrüßung endete für den Besucher im Blumenbeet.

Dann waren immer beide sehr erschrocken.

Der Briefträger mit seinem Fahrrad war sein erklärter Feind. Er biss in das Vorderrad bis er das Grundstück wieder verlassen hatte. Der Briefträger rief dann künftig schon von der Straße aus, dass wir den Hund doch bitte in den Zwinger sperren sollen.

Der Schäferhund wusste auch ohne Gartentor, wo sein „Revier" endete. Einmal spielten wir mit ihm im Garten. Plötzlich rannte Luxy laut bellend los und wir neugierig hinterher. Wir sahen einen Mann mit heruntergelassenen Hosen Richtung Straße rennen. Der Mann hatte wohl unsere Einfahrt für eine Toilette gehalten. Luxy verfolgte ihn nur bis zur Grundstücks- grenze. Als der unerwünschte Gast den Fußweg betreten hatte, war er Luft für unseren Beschützer.

Luxy war während unserer Abwesenheit mit einer Kette an seiner Hundehütte befestigt. Ich verspürte den Wunsch, einmal wie ein Erwachsener den Hund an der Leine zu führen. Ich wickelt mir seine Kette um das Handgelenk und stand mit ihm stolz oberhalb der Terrassentreppe. Plötzlich entdeckte er eine Katze und rannte blitzschnell los. Nun rutscht aber eine Kette nicht so leicht vom Handgelenk wie eine Leine. Er zog mich Stufe für Stufe bis zum Fuß der breiten Steintreppe hinter sich her. Diese Rutschpartie hinterließ bei mir natürlich Spuren. Als der Hund merkte, warum er nicht ungehindert rennen konnte, stellte er sich unglücklich neben mich und jaulte lauter als ich weinen konnte.

Während eines Weihnachtsbesuches bei Oma und Opa in Beelitz brauchte er wegen der Kälte nicht im Hundezwinger auf unsere Rückkehr warten, sondern durfte ins warme Wohnzimmer. Als wir nach Hause kamen, lag der Weihnachtsbaum mit kaputten Glaskugeln auf dem Fußboden und Luxy hatte den ganzen Fondant-Baumbehang vernascht. Das gab viele bittere Tränen.

Einmal sollten mein Bruder und ich mehrere Tage bei Oma und Opa bleiben . Als wir zur Schlafenszeit nicht zurück waren, setzte sich Luxy in Kleinmachnow vor die Haustür und jaulte die ganze Nacht herzzerreißend. Er ließ sich durch nichts ablenken und alle Nachbarn machten in dieser Nacht kein Auge zu. Am nächsten Morgen holte mein Vati uns daraufhin sofort wieder zurück nach Hause.

Als Kind mit einem Haustier aufzuwachsen war alles in allem eine sehr schöne Erfahrung.

Evelyn Barucker, September 2022

Auf den Hund gekommen

Wieder war fast ein ganzes Jahr vergangen. Wir, mein Mann und ich, waren glücklich, da es uns gelungen war, endlich etwas größeren Wohnraum zu bekommen. Beileibe keine abgeschlossene Wohnung aber immerhin zwei kleine Zimmer und eine Abstellkammer, die man zur Notküche umfunktionieren konnte. Das Bad war zur gemeinsamen Benutzung mit den Bewohnern der unteren Etage. Das Ganze war der Teil eines Reihenhauses. Eigentlich ein Einfamilienhaus, aber wie die meisten Häuser unserer Gemeinde, geteilt für zwei Familien. Wir hatten die obere Hälfte. Dazu hatte jede Familie einen Kellerraum und einen kleinen Teil des hinter dem Haus liegenden Gartens. Wenn ich mich richtig erinnere hatte das Reihenhaus sechs solcher Wohnungen.

Unsere „Wohnung" lag so mitten darin. Renovieren mussten wir natürlich selber. Es war einfach Horror pur. Beide Zimmer waren gestrichen, eines gelb und eines blau. Aber nicht mit abwaschbarer Wasserfarbe, mit festsitzender Leimfarbe. Das bedeutete, dass wir die Wände mit dem Spachtel abkratzen mussten. Heute wäre das alles unvorstellbar. Wir waren aber trotzdem glücklich über den Raumgewinn, denn wir hatten anschließend eine nette kleine Wohnung und ich konnte sogar in der Notküche so manches schmackhafte Menü zaubern.

Wie gesagt, das Jahr war bald vorbei, der erste Schnee gefallen und Weihnachten stand vor der Tür. Unsere Wohnung war fertig. Also endlich etwas Zeit für einen Winterspaziergang im ersten Schnee. In einem Waldstück, das wir durchquerten, spielten Kinder mit einem kleinen Hund. Ein niedliches kleines Kerlchen. Bestimmt noch nicht ausgewachsen. Na ja – später, wenn wir einmal eine richtige Wohnung haben, gibt es bestimmt auch einmal so einen vierbeinigen Hausgenossen.

Am Abend klingelte es bei uns an der Haustür. Wir gingen hinaus und staunten nicht schlecht. Nebenan wohnte eine Familie mit Tochter im jugendlichen Alter – die stand weinend vor unserer Gartentür und hatte den kleinen Hund, den wir im Wald gesehen hatten, auf dem Arm. Unter Tränen kam nun eine Generalbeichte, verbunden mit der Bitte um Hilfe. Wir wären doch immer so nett und sie hätte keinen der ihr helfen könnte. Nun erfuhren wir das Drama. Das Mädchen hatte einen Freund und ihr Vater hatte heute erfahren, dass sie schwanger war. Und nun hatte sie auch noch den kleinen Hund, der jämmerlich allein im Wald war, nachdem die Kinder des Spielens mit ihm leid waren, aufgelesen. Sie fürchtete nun, wohl nicht zu Unrecht, die Prügel des Jahrhunderts.

„Nehmen sie doch bitte den kleinen Hund, der kann doch nichts dafür und ich konnte ihn doch nicht da im Schnee sitzen lassen."

Na ja – die richtigen Gegebenheiten hatten wir auch nicht mit einer Wohnung im Obergeschoss. Bei so viel Kummer muss man aber doch einfach helfen und so erlösten wir unsere unglückliche Nachbarin wenigstens von dem Hundekind. Nun saßen wir damit da. Wir mussten aber keine Prügel fürchten. In unserem Wohnzimmer stand in einer Ecke ein flacher Korb, eigentlich für Altpapier vorgesehen, wurde vom Hundekind erst einmal gleich bezogen. Meine, eigentlich für Pudding vorgesehene Schüssel, mit Wasser gefüllt, wurde gleich angenommen. Was aber zu fressen? Mir blieb garnichts anderes übrig als meine Brühnudeln zu opfern. Nach deren Genuss zog sich unser Neuzugang, übrigens ein kleines Hundemädchen, zufrieden in den Korb zurück, als hätte es nie etwas anderes gegeben.

Der nächste Tag, es war ein Sonntag, verlief natürlich ganz anders als geplant. Kein Ausschlafen. Gassi gehen war notwendig. Und Aufwischen des Wohnzimmers. Hundekind war ja noch nicht so lange dicht. Aber das kleine Hundemädchen war einfach sooo süß, dass man ihr einfach nicht böse sein konnte. Den Plan, am Montag das Tierheim aufzusuchen, hatten wir so ganz im Stillen schon verworfen.

Dafür ging es zum Tierarzt. Vielleicht konnte der uns sagen, was aus dem Welpen einmal für ein Hund werden würde. Konnte er auch nicht. Ein Besuch bei der Polizei brachte auch nichts. Es wurde nirgendwo ein Hundekind vermisst. Was blieb uns nun übrig? Tierheim hatten wir ja schon ausgeschlossen.

Also erst einmal für Hundefutter sorgen. Als Fressnapf und als Wassernapf wurden unsere Puddingschüsseln umfunktioniert. Na ja – war alles nicht so einfach. Wir waren ja gerade umgezogen, mein Mann war Umschüler zum Zweitberuf mit gesetzlich vorgeschriebenen Zweihundert Mark Umschülerlohn. Mein Lohn als Heimarbeiterin für eine Puppenherstellerin war auch nicht gerade berauschend. Aber was kann das Hundchen dafür? Auf jeden Fall fühlte sich das ausgesprochen wohl. War wirklich ein aufgewecktes

Kerlchen und lernte schnell alle Dummheiten die ein Hundemädchen machen konnte.

Einen Fehler hatte sie allerdings. Sie war keiner Rasse zuzuordnen. Braun wie ein Boxer, schlank und groß wie ein Terrier, eine lange Schnauze und Ohren, die auch für einen Schäferhund gereicht hätten. Als Namen haben wir uns auf Nora geeinigt, haben sie aber ihrem Wesen entsprechend "Motte" genannt. Gehorsam wie sie war, hatte sie es aber faustdick hinter den Ohren. Einmal hatte sie es sehr eilig die Treppe hinunter zu kommen und stürzte runter.

Dass wir sie natürlich ganz doll getröstet haben, zumal sie jammernd humpelte, war ja klar. Ihr muss das sehr gefallen haben, denn das Humpeln wurde und wurde nicht besser. Doch dann unterlief ihr ein Fehler. Treppe runter getragen, auf dem Gehweg abgesetzt humpelte sie los. Mit dem gesunden Bein. Sie hatte doch glatt die Beine verwechselt. Als ich sie ausschimpfte, wurde sie gleich etwas kleiner und stürmte gesundet davon. Dass sie gut gelernt hatte, zeigte sie auch, als wir einmal unsere Freunde zum Essen eingeladen hatten. Wie hatten eine Ente erstanden und diese stand fertig zum Servieren in der Küche auf dem Tisch. Die Tür war zu.

Als ich unseren Braten holen wollte, staunte ich nicht schlecht. Schreck lass nach. Unsere Motte konnte Türen öffnen und war wohl der Meinung: Hmm – endlich einmal ausreichend Fleisch. Schließlich sind Hunde Fleischfresser. Na ja – die Bratwürstchen schmeckten mit der Sauce auch ganz gut. So gab es noch viele lustige Momente, manches Mal auch schmerzhafte, als sie mich durch einen nicht vorhersehbaren Spurt vom Fahrrad riss. Nach zwei Wochen konnte ich meine Schulter auch wieder frei bewegen.

Als sie einmal einen Neufundländer, so ungefähr siebzig Kilo Hund, zum Spielen aufforderte sorgte sie für Heiterkeit bei allen Straßenpassanten. Der Neufundländer fühlte sich gestört und wollte sie abwehren. Also am besten Flucht. Die ging um ein Trafohäuschen. Eigentlich war dabei nicht mehr ersichtlich wer wen kriegen wollte. Dem dicken Neufundländer ging zuerst die Luft aus und er legte sich einfach hechelnd hin und wurde von Motte getröstet.

So verging die Zeit und wir hatten unsere kleine Motte so lieb gewonnen, dass wir sie für keinen Preis mehr hergegeben hätten. Doch das Schicksal wollte es anders. In der Hundewelt grassierte die Staupe. Auch unsere kleine Motte blieb nicht verschont. Zwei Wochen kämpften wir und unser Tierarzt um ihr Leben.

Vergeblich. Wie immer machte sie alles gründlich und hatte die schwerste Form der Staupe, welche die Nerven angriff. So ging sie mit etwa zwei Jahren von uns. Natürlich nicht ganz heimlich. In einem Krampfanfall hatte sie mir noch ganz schnell mal in die Hand gebissen. Aber egal – wir werden sie immer in Erinnerung behalten. Sie war unser erster Hund und hat meine Liebe zu den Hunden für ein Leben geweckt.

Erlebt 1958/59, aufgeschrieben 2022 von Eva Maria Kluck

Ein super Gewinn

Drei Häuser entfernt von meinem Haus, befindet sich ein Grundstück mit Haus, das eigentlich nicht in unsere Wohngegend passt. Es liegt daran, dass es dieses Haus bzw. Grundstück schon gab, bevor unsere Häuser gebaut wurden.

Das Grundstück grenzt dicht an eine Kleingartensparte, die auch schon lange existiert.

Das Grundstück hat einen Hof mit Ställen, eine Anlage für Enten und Gänse und ein Gehege mit mehreren großen Käfigen. Heute gibt es nur noch Hühner und einen Hahn.

Als ich Kind war, gab es in den Ställen Schweine und 1 oder 2 Pferde und auf dem Hof liefen die Hühner herum, in der Anlage gab es verschiedene Entengattungen und Gänse, auch ein schwarzer Schwan war dabei. In dem Gehege waren besondere Hühner und in den Käfigen wunderschöne Vögel.

Viele Spaziergänger hielten gern am Zaun an und bewunderten die schönen Tiere. Eltern hoben ihre

Kinder hoch um ihnen die Tiere zu zeigen, da der Lattenzaun ziemlich hoch war. Früher haben wir unsere Kartoffel- und Gemüseschalen, sowie trockenes Brot rübergebracht, zur Unterstützung der Fütterung von den Tieren.

Die Bewohner des Hauses hatten auch einen Garten in der Kleingartensparte. Die Sparte gehörte dem „Verband der Kleingärtner, Siedler und Kleintierzüchter" (VKSK) an.

Einmal im Jahr veranstaltete der Verband eine Geflügelausstellung, in einer nahe gelegenen Turnhalle. Hier wurden die schönsten Tiere ausgestellt. Es gab Katzen, Kaninchen, Hühner, Enten, Gänse, Vögel und noch mehr Kleinvieh.

Man konnte Kuchen kaufen und an einer Tombola teilnehmen. Es gab ganz verschiedene Preise. Was ein Los kostete, weiß ich nicht mehr, aber mein Bruder und ich holten uns immer welche. Ich freute mich darauf und hoffte immer auf einen Gewinn.

Diesmal hatte mein Bruder Glück. „Herzlichen Glückwunsch und viel Spaß" sagte die nette Frau vom Tombolastand und gab meinem Bruder einen kleinen Karton mit Löchern drin. Ach du meine Güte, er hatten einen Wellensittich gewonnen. Was sollen wir denn mit dem machen?

Zu Hause angekommen, wurde überlegt: Wohin mit dem Wellensittich. Ein Käfig war nicht vorhanden und die Geschäfte waren geschlossen. Da fiel uns unser Nachbar, drei Häuser weiter, ein. Auch er war Aussteller bei der Geflügelschau, vielleicht war es ja sogar ein Wellensittich von ihm.

Wir bekamen einen Vogelkäfig, schön war der nicht mehr, aber besser als gar nichts. So hatte der Gewinn meines Bruders ein neues zu Hause. Der Wellensittich war hellblau und die Brust weiß, er wurde auf den Namen „Hansi" getauft. Wo sollte er denn nun stehen. Es gab viele Standorte, die wir ausprobiert hatten.

Er stand auch im Bad am Fenster. Vielleicht war es hier zu zugig? Viel Freude hatten wir nicht an Hansi. Er lebte nicht lange bei uns, woran es lag wissen wir nicht. Er bekam seine letzte Ruhestätte im Garten unter den Rosen.

Wir gaben den Käfig zurück, da wir keinen „neuen Hansi" mehr wollten.

Jahre später wünschte sich unsere kleine Schwester einen Wellensittich. Sie bekam einen gelben Sittich, der seinen Platz in der Küche gefunden hatte. Wie lange dieser bei uns lebte weiß ich nicht mehr, aber es war manchmal ganz schön abenteuerlich, wenn wir ihn aus dem Käfig ließen.

Ellen Wutschik, Oktober 2022

Die Autoren:

Eva-Maria Kluck (Jahrgang 1935)
Geboren in Berlin, von 1936 bis 1997 in Kleinmachnow gelebt, danach in Stahnsdorf.

Berufe: Maßschneiderin und Wirtschaftskauffrau Sie war als Angestellte im Rat der Gemeinde Kleinmachnow, in der Landwirtschaftsbank in Potsdam und von 1975 bis 2000 im Gesundheitswesen (Geschäftsleitung, ab 1997 Leiterin des Seniorenbüros AVUS) in Teltow tätig.

Hobbys: Aus dem Leben schreiben: Anekdoten, bissige Leserbriefe, Glossen und Familiengeschichte, ehrenamtliche Tätigkeit in Selbsthilfegruppen.

Margrit Prauß (1947)
ist in Sachsen geboren und aufgewachsen.

Beruf: Krankenschwester, Ausbildung med. Fachschule Hubertusburg Wermsdorf.
Seit 1969 wohnt sie in Teltow, hat 2 Töchter und 4 zauberhafte Enkelkinder. Sie liebte immer schon „Deutsch" in der Schule, schrieb gerne Aufsätze, später Briefe. Gedanken, Erinnerungen und Erfahrungen aus ihrem Leben zu formulieren macht ihr viel Freude und sie gibt diese gern weiter.

Hannelore Wolf (Jahrgang 1944)
geboren in Westpreußen, nach der Flucht aus Danzig in Mecklenburg aufgewachsen, Ausbildung zur Kindergärtnerin im Schweriner Schloß. Umzug 1963 nach Leipzig, Heirat und Umzug 1967 nach Teltow.

Tätig als Kindergärtnerin, Wechsel in die GRW-Bibliothek, nach der Wende als Sachbearbeiterin im Sozialamt Teltow, seit 2009 Rentnerin.
Sie ist verheiratet, hat 3 Kinder und 4 Enkelkinder.

Hobbys: Singen im Chor, Mitglied einer Sportgruppe, Reisen und Tanzen, Verfassen von Versen zu bestimmten Anlässen sowie spontanes Schreiben kleiner Gedichte!

Ellen Wutschik (Jahrgang 1964)
Geboren in Potsdam-Babelsberg

Evelyn Barucker (1949 in Potsdam geboren)
Sie lebt seit 1953 in Kleinmachnow und seit 1971 in Teltow. Sie vermisst die ungeschriebenen Geschichten ihrer Eltern und Großeltern und möchte deshalb einige Erlebnisse für ihre Kinder und Enkelkinder erhalten.

Carmen Sabernak (Jahrgang 1958)
Schreibt am liebsten mit Blick auf das Meer oder auf ihrer Rosenbank im Familiengarten.

Bisher erschienen

Aus der Reihe „Perlen unserer Erinnerung" sind bereits (im BoD Verlag zum Preis von 5,00 Euro) erschienen:

„Hannas Weihnachtsengel" erschienen 2013
ISBN: 9783732280414

„Begegnungen im Leben" erschienen 2013
ISBN: 9783732280889

„Verlust und Wiederfinden" erschienen 2015
ISBN: 9783734745812

„Elli" erschienen 2015
ISBN: 9783734769276

„Mein Berlin - Mitten mang und Dichte bei" erschienen 2015
ISBN: 9783738613599

„Am Wege blüht Vergissmeinnicht" erschienen 2015
ISBN: 9783738629262

„Singen und Wandern - das ist unser Leben" erschienen 2015
ISBN: 9783738659931

„Jahreswende - von Anfang bis Ende" erschienen 2016
ISBN: 9783741276798

„Sehnsucht, Glück und Bäume" erschienen 2017
ISBN: 9783848257195

„Täuscht der schöne Schein?" erschienen 2018
ISBN: 9783748111948

„Winterperlen" erschienen 2018
ISBN: 9783748101093

„Sommer-Zeit-Reise" erschienen 2019
ISBN: 9783748146964

„Geflüster bei Kerzenschein" erschienen 2019
ISBN: 9783750401877

„Meine Heimat Kleinmachnow" erschienen 2020
ISBN: 9783751930772

„Meine - Deine - unsere Schulzeit" erschienen 2020
ISBN: 9783751950497

„Durch das Jahr" erschienen 2020
ISBN: 9783752672176

„Winterzeit" erschienen 2020
ISBN: 9783752672169

„Mystische Geschichten" erschienen 2020
ISBN: 9783752672190

„Liebesbriefe" erschienen 2021
ISBN: 9783755741084

„Alte Schätze" erschienen 2021
ISBN: 9783755741275

„Gesammlte Perlen 2021" erschienen 2021
ISBN: 9783755741244

„Wege" erschienen 2022
ISBN: 9783756833474